CONFÉRENCES SCIENTIFIQUES POPULAIRES
par M. l'Abbé A. PARAT

N° 5

LE

Chasseur Préhistorique

DE LA VALLÉE DE L'YONNE

Conférence faite à Clamecy pour la Jeunesse Catholique

LE 16 FÉVRIER 1911

AVALLON
IMPRIMERIE ET LITHOGRAPHIE PAUL GRAND
14, Rue de Lyon, 14

1911

CONFÉRENCES SCIENTIFIQUES POPULAIRES
par M. l'Abbé A. PARAT

Le Chasseur Préhistorique
DE LA VALLÉE DE L'YONNE

Conférence faite à Clamecy pour la Jeunesse catholique
le 16 février 1911

I

Vous me permettrez de vous parler en toute franchise : c'est la première condition d'une bonne conférence, d'autant que nous pouvons invoquer une certaine communauté historique, nos pères ayant vécu ensemble sous la houlette de l'évêque d'Auxerre, et leurs fils s'abritant auprès des rives de la même rivière (1).

Eh bien ! je suis sûr que vous avez eu un sourire quand on vous a annoncé « la chasse préhistorique » Vous vous êtes dit : « Bon ! Nous allons assister à des histoires de chasseur ; si seulement elles sont bien racontées ! » C'est que, avez-vous pensé, on aurait de

---

(1) Je souhaiterais que cette conférence attirât l'attention des archéologues de Clamecy sur les grottes qu'ils possèdent aux environs. Le désir de les engager dans la voie des recherches entrait pour une part dans mon voyage. Il faut que l'homme des cavernes, avec sa faune et son outillage, surgisse des rochers de l'Yonne. Le musée, si intéressant d'ailleurs, réclame un compartiment bien fourni de l'époque préhistorique qui lui manque actuellement.

la peine à savoir ce qui se passait en Gaule avant l'arrivée de César ; comment saurait-on ce qu'était l'homme des forêts bien avant les Gaulois, bien avant toute histoire de notre pays ?

Or, la chasse préhistorique, rassurez-vous, est certainement mieux connue que la chasse historique de la Gaule. Ce n'est pas un sujet de fantaisie, et c'est plus qu'un sujet de curiosité. Nos chasseurs modernes, qui ont repris l'habit classique de peau de bête de leurs lointains ancêtres, trouveront profit à savoir quel cœur battait sous la fourrure en ours du préhistorique.

On a dit tant de choses de ces primitifs de nos pays, avant d'être renseigné par les faits. Quoi ! un sauvage, des outils de pierre, une caverne pour abri et des fauves dans le voisinage, cela suffit pour imaginer une histoire où l'homme fait une triste figure, où il n'a plus même figure d'homme ! On esquisse un être dégradé, bestial, un presque homme, ainsi qu'on l'appelle. Et voici que des recherches, toutes concordantes, en France et ailleurs, nous ont appris ce que l'homme n'est pas, et c'est déjà quelque chose de la science, et aussi un peu ce qu'il est. Nous abordons une question actuelle de grande importance, une question brûlante qui se cache derrière ce simple titre de la chasse préhistorique.

Pour avoir une idée complète, exacte de l'homme primitif de nos contrées, il faudrait l'étudier sous trois faces différentes. Dans le sauvage préhistorique, il y a l'industriel qui sait tirer parti de la pierre pour fabriquer des armes et des outils. Il y a l'artiste qui sait sculpter et graver sur os et sur ivoire et qui pratique la peinture. Enfin, il y a le chasseur qui s'applique à la capture des animaux, seul moyen connu de lui pour se procurer le vivre et le vêtement. C'est à ce dernier degré, le plus modeste, que nous allons nous borner.

Mais comment pouvons-nous connaître ces hommes ? Comme nous connaissons les autres hommes disparus : par leurs œuvres. Ce ne sont pas des œuvres monumentales, ces débris qu'il nous a laissés dans les grottes ; mais ils suffisent à nous faire pénétrer dans la vie simple du chasseur. Les vestiges sont relativement rares dans nos régions de l'Yonne parce que nos grottes, au lieu de servir d'habitation comme dans le Midi, ne furent jamais que des abris temporaires. Elles ont toujours été humides à cause des fissures de la roche, et dangereuses à cause de l'effritement de la pierre.

Tous les objets que le primitif a laissés dans les grottes, en pierre et en os, se retrouvent donc intacts, mais dans quelles conditions ? C'est ce qu'il est utile de savoir. Sur certains champs de bataille où les hommes de toutes les époques se sont mesurés, on pourrait ramasser les pointes de flèches en silex du préhistorique à côté des balles du fusil moderne, parce que tout reste à la surface. C'est ainsi qu'à la grotte de Nermont, à Saint-Moré, on trouvait côte à côte une médaille d'empereur romain et la médaille de Sainte-Hélène de Napoléon Ier qu'un brave avait égarée là.

Il n'en est pas ainsi des époques anciennes dans les grottes. Vous trouvez, à l'entrée, des buttes de terre qui ont un mètre à cinq mètres d'épaisseur. Elles sont formées par un mélange de la pierraille tombée de la voûte et des murs par suite de l'humidité, et de l'argile descendue par les fissures, du sol extérieur, avec l'eau d'infiltration. Ce mélange est devenu une masse très tassée et quelquefois durcie par la concrétion calcaire.

Le plancher s'est donc exhaussé de siècle en siècle. Mettez, par exemple, une épaisseur moyenne de un millimètre par an, vous aurez un mètre en mille ans, cinq mètres en cinq mille ans. Je ne dis pas que cela s'est fait aussi régulièrement : c'est une simple approximation. Mais nous verrons que s'il faut admettre une action très lente de remplissage, on a des preuves que cette action n'est pas démesurément longue comme certains l'ont prétendu.

C'est donc là notre réservoir de documents, notre chambre d'archives. Tout s'y est conservé, sauf le bois, et tout s'y trouve régulièrement disposé par couches comme les feuillets d'un livre. Les objets sont à la place même où le chasseur préhistorique les a laissés tomber. De plus, ce que nous observons dans une grotte se retrouve avec le même ordre dans vingt autres; et ce qu'on voit aux bords de la Cure s'observe aussi bien aux bords de la Vézère et ailleurs.

Ce sont les archives les plus authentiques ; il s'agit de les interpréter. Mais on peut assurer qu'il existe pour l'homme primitif des documents qui nous manquent pour les Gaulois de l'histoire dont les vestiges ont été détruits par le temps à la surface du sol. On sait, en particulier, quels animaux peuplaient les forêts aux temps préhistoriques et l'on ignore quel gibier se chassait en Gaule avant César.

On comprend que dans une masse de remplissage de grotte de cinq mètres, par exemple, on distingue plusieurs époques dont la durée n'est pas connue. On reconnaît, en effet, de bas en haut, une évolution de la faune et de l'industrie qui se reproduit dans toutes les grottes. C'est ainsi que, d'après les débris, il nous faut distinguer déjà deux grandes phases dans l'existence des préhistoriques.

Il y a les plus récents que l'on appelle les Néolithiques ou les hommes de la pierre polie, parce qu'ils donnaient un poli à leurs haches. Ils étaient en même temps chasseurs, pasteurs et agriculteurs. Leurs animaux domestiques sont les mêmes que les nôtres et les animaux sauvages ne sont pas différents. Ils ne connaissent pas les métaux, c'est vrai, mais leur genre de vie les rapproche beaucoup de nous, le milieu atmosphérique étant semblable au nôtre. Les débris que nous ont laissés ces hommes, venus les derniers, sont toujours à la partie supérieure des terres de remplissage. Nous n'avons pas à nous en occuper.

Avant ces préhistoriques récents, d'autres occupaient déjà le sol de la Gaule; ils ont laissé leurs débris dans les couches profondes, c'est-à-dire à la base du remplissage. Sur le plancher rocheux de la grotte, alors que les détritus des parois commençaient à le recouvrir, on rencontre déjà les os et les silex que le premier occupant y a déposés et qui gisaient sous cinq mètres de terre. Ces hommes, on les appelle les Paléolithiques ou les hommes de la pierre éclatée. C'est qu'en effet ils ont fabriqué des armes et des outils en pierre et surtout en silex simplement taillé à éclats, sans jamais de polissage.

Mais une différence bien plus grande sépare les hommes des deux époques préhistoriques. Dans les couches profondes des premiers occupants, on ne trouve que des animaux sauvages. Et, de ces animaux, les uns ont complètement disparu du globe, les autres ont émigré au sud, au nord, à l'est de l'ancien continent ou sur les hautes montagnes. La faune nous fait connaître des climats tout différents du nôtre ; sur le même sol, c'est un autre monde.

Nous sommes donc, à cette époque reculée, au milieu des forêts recouvrant toute la Gaule ; nous sommes avec l'homme exclusivement chasseur, avec l'homme sauvage, ce qui veut dire ici l'habitant des bois et non l'homme dégradé et sans mœurs.

Or, il faut distinguer dans cette époque primitive deux civilisations. Je dis civilisations, car c'est au milieu des bois, avec l'homme sauvage qui était alors l'homme jeune, éveillé, chercheur, que nos industries et nos arts ont pris naissance. Il y a, dès le début de la fréquentation des grottes, des Préhistoriques qui ne connaissent que le façonnage du silex et toutes leurs facultés se dépensent à la chasse. D'autres leur succèdent, comme eux chasseurs, mais qui travaillent admirablement l'os et l'ivoire. L'outillage de silex est plus varié, plus léger, plus délicat. Ce qui les distingue surtout des premiers, ce sont leurs travaux d'artiste, car ils gravent, dessinent, sculptent et peignent. S'il faut la pratique des Beaux-Arts pour constituer une civilisation, vous voyez qu'elle existe dès les temps primitifs et qu'elle a des sauvages pour représentants.

II

C'est du chasseur le plus ancien, celui qu'on a appelé le chasseur d'ours, que nous allons parler. (1)

---

(1) Le chasseur moins ancien qui se montre artiste est appelé « le chasseur de renne ».

Nous nous occuperons d'abord de son gibier qui nous est la chose la mieux connue. Les parties de l'animal que l'homme apportait sous l'abri des grottes nous ont fourni des ossements toujours bien conservés qui se trouvent, avec les galets de rivière et les silex, disséminés ou disposés par lits dans la masse du remplissage. Vous savez qu'un seul ossement, une dent, suffit pour dire à quel animal il se rapporte. Et, souvent, quand le naturaliste écrit qu'il a découvert l'éléphant dans une grotte, cela s'entend quelquefois d'une simple molaire. L'homme, en effet, apportait surtout les dents de son gibier ; et c'est ainsi qu'à la Roche-au-Loup, près de Merry-sur-Yonne, j'ai recueilli 1081 dents de cheval, sans trace presque de mâchoire. On peut penser qu'à chaque capture le chasseur prélevait une dent qu'il emportait comme un trophée.

Connaître le gibier, c'est déjà connaître le chasseur. Vous verrez tout à l'heure défiler en projections les animaux trouvés dans les grottes (1). En attendant, voici la liste. C'est parmi les *carnivores* : le lion-tigre, le lynx, le loup, le renard, l'hyène et l'ours des cavernes. Parmi les *pachydermes* : l'hippopotame, le rhinocéros velu, l'éléphant laineux dit mammouth, le cheval, le sanglier. Parmi les *ruminants* : le cerf, l'élan, le renne, l'antilope saïga, l'auroch ou bison, le bœuf primitif, le bouquetin, la chèvre ou le mouton sauvage. Parmi les *rongeurs* : le castor, la marmotte,

---

(1) Ces projections ont illustré la conférence grâce à M. Edmond Satin, petit-fils de M. Mignard, d'Avallon, qui avait un appareil de choix. Il a, par son habileté, fait ressortir les photographies prises sur les aquarelles de M. Poitreau, architecte à Avallon.

le lapin. Enfin, parmi les *oiseaux* : l'aigle. On n'a jamais récolté de débris de poissons ; ils se rencontrent seulement à l'époque néolitique.

Vous pensez bien que ces animaux n'ont pas tous vécu à la même époque, car les uns appartiennent à la zone chaude, les autres à la zone tempérée, d'autres à la zone froide. Ils sont venus les uns après les autres, à l'époque dont la température leur convenait. Aussi voit-on, dans les couches superposées des grottes, les animaux se succéder de la base au sommet du remplissage. C'est un vrai thermomètre de l'époque préhistorique qu'ils nous donnent ; nous savons par eux les variations de température qui se sont produites durant cette longue période. L'homme primitif a vécu d'abord sous un climat chaud et humide avec l'hippopotame, animal des tropiques. Il a vécu ensuite sous un climat tempéré et humide avec tous les grands herbivores : rhinocéros, éléphant, cheval, bison, etc., qui ont besoin de gras pâturage dont une humidité constante est la condition. Enfin, il a connu un climat froid et sec qui nous est révélé par la présence des animaux des régions polaires. Ces indications fournies par la faune ont pu être contrôlées par des observations positives pour l'époque humide. Ainsi, dans une grotte élevée, j'ai constaté un dépôt de sable de rivière à six mètres cinquante au-dessus des basses eaux de la Cure, alors que les plus grandes crues apportent du limon seulement à quatre mètres de hauteur.

A l'époque où nous plaçons notre chasseur d'ours, et qui s'étend de la phase chaude à la phase froide, nous voyons se succéder presque toutes les espèces animales. Le gibier comprend les animaux carnivores, dangereux par eux-mêmes : le lion, l'ours et le loup ; les animaux lourds et redoutables seulement pour qui les attaque : l'hippopotame, l'éléphant, le rhinocéros et le sanglier ; les animaux légers, difficiles à atteindre : le cheval, le bison, le cerf, le renne, etc.

C'est donc à la chasse journalière de ces animaux que le primitif emploie les ressources de son intelligence. Pour les uns, il doit faire appel à sa force et à son courage ; pour les autres, il doit recourir à son agilité et à ses ruses. Or, les faits sont là : le chasseur primitif a vaincu tous ses adversaires. Quand notre curiosité ne serait pas satisfaite dans la connaissance des moyens employés, nous sommes sûrs de trouver dans l'homme préhistorique les qualités du chasseur, toutes réunies et poussées à l'extrême. C'est un grand chasseur devant Dieu, comme la Bible le dit de Nemrod.

Cependant, il faut tout de suite réduire à leur juste valeur les difficultés de la chasse préhistorique. C'est ainsi, par exemple, que là où le gibier abonde et où les chasseurs sont clairsemés, l'approche des animaux est facile : on peut le constater dans certaines contrées de l'Afrique. Or, qu'on imagine l'extrême abondance du gros gibier à l'époque humide et tempérée dont nous avons parlé et l'extrême rareté des groupes humains fréquentant nos grottes, c'est-à-dire 14 cavernes sur 110 connues : on verra quelle conclusion s'impose.

Il y avait bien le lion-tigre qui était un mauvais voisin ; mais ne trouvait-il pas une table servie à souhait, sans courir après l'homme. Quant à l'ours, qui mesurait jusqu'à 3 mètres de longueur, il ne compte pas pour un franc carnassier, car ses molaires, très plates, dénotent plutôt un omnivore (Albert Gaudry). Toujours est-il que ce devait être un adversaire redoutable, et il pullulait alors aux bords de la Cure. Il y avait un repaire à la grotte des Fées et l'on a constaté l'existence de 200 individus au moins. Eh bien ! c'est dans le voisinage de ce repaire que le chasseur préhistorique vivait. L'ours finit même par déménager de sa retraite, et l'on voit, dans la suite, le repaire des Fées et toutes les grottes voisines exclusivement fréquentées par l'homme.

Après cela, faut-il entendre les romanciers du préhistorique nous dire : « le sauvage était peureux et féroce, redoutable aux êtres plus faibles, fugitif devant les forts, cachant sa rage ou sa faim impuissante dans de profondes cavernes. Sa vie dût être un long supplice de frayeurs réelles ou d'alarmes vaines, de besoins non satisfaits, de joies horribles, de festins sanglants. » (1) Ce n'est pas Gérard, le tueur de lions, ou Bombonnel, le tueur de panthères, qui est l'auteur de ces lignes. Ces intrépides chasseurs auraient parlé de nos ancêtres avec admiration et les auraient salués comme des maîtres. C'est ainsi pourtant qu'écrivent sur les préhistoriques les naturalistes qui mettent une certaine théorie de l'évolution au-dessus des observations positives dont la science est faite. Ils en arrivent à parler comme le boulevardier ayant peur de tout, même d'un coup d'air, et qui croit cependant que le courage même ne remonte pas au delà du XIXe siècle.

---

(1) *Mme Clémence Boyer*, Origine de l'Homme, 1870, Paris, Masson. Elle est la traductrice de Darwin.

III

Nous connaissons le gibier et, par le gibier, les qualités du chasseur. Mais nous voudrions savoir par quels moyens ce sauvage étonnant faisait ses captures. Nous ne doutons pas de son courage, de son endurance, de son adresse. Son portrait, cependant, gagnerait si nous connaissions, dans le détail, les ressources de son intelligence pour la chasse d'une si grande variété de gibier.

C'est ici que devraient se placer les histoires de chasseur. Ah! si j'étais quelque peu apparenté à Tartarin, quelle belle fin de conférence je vous donnerais! Je pourrais grandir le préhistorique dans la mesure où d'autres l'ont rapetissé à plaisir. Laissons de côté l'imagination, et disons franchement que le point qu'on voudrait voir le mieux éclairé est celui qui va rester le plus dans l'ombre : il faudra recourir à des hypothèses qui cependant seront fondées.

Force nous est donc d'aller demander aux sauvages modernes, dont la vie est presque tout semblable à celle des sauvages primitifs, les secrets de leur chasse. Les uns, les plus avancés, ont la lance armée d'une pierre taillée, puis l'arc et la flèche qui portent loin. Mais la moitié des peuplades se sert de la fronde ; d'autres n'ont que le pieu de bois durci au feu ou la massue. D'autres, enfin, comme les Fuégiens, lancent des pierres de chaque main avec une force et une adresse étonnantes. Tous ces sauvages, habitués dès l'enfance, disent les voyageurs, ont une puissance d'observation extraordinaire, une habileté dans l'usage de leurs armes, une ingéniosité, un courage, une endurance dont nous ne pouvons nous faire une idée. On voit donc chez eux l'emploi de moyens de capture très médiocres produisant de grands résultats grâce aux ressources de l'intelligence aussi bien qu'aux qualités physiques.

Cherchons maintenant, dans les débris des grottes, quelles pouvaient être les armes de chasse de nos primitifs. Il faut d'abord éliminer l'arc et la flèche dont on n'a de preuves qu'au temps des néolithiques. Les archéologues sont d'accord pour voir dans l'innombrable quantité de silex taillés des outils plutôt que des armes ; et les outils servaient à dépecer les animaux, à préparer les peaux et à façonner le bois. Mais le bois, comme le vêtement de peau, a disparu ; et l'on peut supposer qu'il y avait, ainsi que chez les sauvages modernes, le pieu et la massue. On leur accordera aussi la fronde, car on a trouvé, dans les gisements anciens des grottes, une quantité de pierres, de grosseur égale, en forme de boule et taillées à facettes. Ce sont des pierres semblables qui servent aux frondes de certaines peuplades d'Océanie. On peut croire aussi que certains silex triangulaires à pointe vive ont servi à armer des lances. Enfin, il faut tenir compte de l'accumulation, dans les gisements, de galets de rivière intacts, de grosseur moyenne, qui font penser aux armes de jet qu'emploient les Fuégiens.

C'est là tout ce qu'on peut dire de l'armement, aussi primitif que les gens de l'époque préhistorique. Mais il faut se représenter quelle devait être la puissance de toute une tribu se lançant à la poursuite d'une proie. Cette poursuite, favorisée par les accidents de terrain, semble la meilleure explication. J'ai exposé dans les Congrès un moyen de capture que m'a précisément suggéré la vue des escarpements de la Cure. Entre Arcy et Saint-Moré, la rivière décrit une anse profonde et étroite qui est bordée d'un côté par toute une ligne de rochers abrupts de 10 à 20 mètres de hauteur. La tribu poursuivant un gibier l'amenait peu à peu dans l'anse, le pourchassant dans la direction des rochers qui sont à fleur du côté du plateau. L'animal, exténué, effrayé par les cris des chasseurs se lançait dans le vide et venait s'abattre, impuissant, au pied de l'escarpement.

Le chasseur primitif, le vainqueur de tant d'animaux redoutables, est passé lui-même à la postérité. On l'a retrouvé au milieu de ses armes et des ossements de son gibier. Mais quelle rareté partout ! Dans nos grottes de la Cure et de l'Yonne, après des années de fouilles, on n'a recueilli, à la grotte des Fées, qu'un fragment de mâchoire inférieure et quelques vertèbres. On s'étonne que ces préhistoriques, à qui certains aiment à attribuer une durée immense, soient à peu près introuvables.

Cette absence presque complète de l'homme sous l'abri des grottes a une signification qui est tout en sa faveur. Elle met à néant ces légendes créées sur le sauvage primitif. On imaginait des luttes fratricides pour la possession d'un abri, des repas de cannibales, une incurie absolue de l'homme pour les restes de ses semblables, de telle sorte que les ossements humains devaient traîner partout et se montrer en quantité. Et voilà que, contre ces mœurs dégradantes imaginées de toutes pièces, et ces siècles sans nombre prodigués à l'époque préhistorique, la réponse est faite par le primitif lui-même dans l'extrême rareté de ses restes. Bien plus, on a découvert le chasseur d'ours dans des sépultures à Menton et dans le Midi de la France, ce qui achève la déroute du roman préhistorique. Un homme qui pratique la sépulture est un être moral qui a le sentiment de sa dignité et à qui l'on peut accorder la croyance d'une vie extra-terrestre.

IV

Je n'oublie pas, en terminant cette conférence, quel secret désir vous tient au cœur. Vous voudriez savoir d'où venait ce chasseur d'ours que nous avons reconnu pour le premier occupant de nos grottes, et surtout à quelle date se place son apparition sur notre sol. Je le comprends, ce désir, pour l'avoir éprouvé moi-même, car, en fouillant, je ne cessais d'interroger ces vestiges du passé pour essayer d'établir une chronologie de l'âge de la pierre. Je crois que la lumière a commencé à se faire dans cette obscure question.

Deux choses déjà étaient acquises dans cette voie. Tout ce que l'on sait nous montre que les courants humains, s'échappant comme d'une source, partent de l'Orient. C'est dans la région fortunée de l'Asie, appelée le berceau du monde, qu'il faut chercher le point de départ des émigrants essaimant à tous les points de l'horizon. Aussi l'histoire ancienne témoigne que les civilisations primitives, issues de la culture des sciences et des arts, sont nées sous le ciel d'Orient et ont rayonné du cœur aux extrémités.

Si nous prenons une date, par exemple 2500 ans avant Jésus-Christ, qui est l'époque voisine d'Abraham, nous voyons que l'Orient est constitué en royaume, qu'il a des villes, que ces villes ont des temples et des palais dont l'histoire est inscrite sur des tablettes de terre cuite. Mais, à cette époque, la Grèce est dans l'ombre, l'Italie dans l'obscurité et, plus loin, la Gaule est plongée dans les ténèbres. Les grottes de l'Yonne abritent les hommes de la pierre alors que l'Orient est pleine civilisation.

La chronologie ne s'établit que sur les rapports des peuples entre eux. C'est le peuple le plus avancé, le colonisateur, ayant ses annales, qui donne à ses établissements le certificat d'origine. Comme nous ne trouvons, au-delà de l'homme du bronze, aucun indice de relations entre l'Orient civilisé et la Gaule préhistorique, c'est donc la nuit profonde pour nos régions.

Depuis les découvertes faites dans les grottes et ailleurs, on s'explique cette absence totale de relations. L'Europe septentrionale et occidentale subissait, aux âges de la pierre, un régime particulier qui en faisait un monde à part et l'isolait des contrées prospères. Le régime glaciaire, comme on l'appelle, avait peuplé cette partie du continent d'une faune et d'une flore qui tendaient à devenir celles des régions polaires ; et, seules, quelques tribus d'émigrants arriérés occupaient les forêts.

Alors, il n'y aurait rien à dire ? Ce serait mon avis (1), mais ce n'est pas ce qu'ont pensé certains savants plus ou moins aventureux. Ils ont demandé à la géologie et à l'archéologie une estimation de la durée des préhistoriques. Comme ils n'étaient pas

---

(1) C'est l'avis des préhistoriens les plus autorisés, entr'autres de John Evans qui dit avoir renoncé à proposer un chiffre qui ne reposerait sur rien.

gênés par des données positives, ils ont distribué les siècles à plaisir. Il y a les prudents (M. Boule) qui se contentent de 20.000 ans, et il y a les audacieux (M. de Mortillet) qui vont jusqu'à 200.000 ans. C'est à ces évaluations, à la dernière surtout, que je veux répondre, en faisant état des observations prises dans les grottes et qui permettent de dire sans crainte : on se trompe grossièrement.

Si on consultait les seules données de l'archéologie pour établir la chronologie des races préhistoriques, on aurait certainement l'impression d'une durée que l'on ferait très courte si l'impression n'était pas une base fragile. Qui oserait, par exemple, mettre 200.000 ans de durée en regard de nos 20 grottes fréquentées sur un cent et qui formaient un centre de population, l'unique centre de la Gaule centrale ? Qui voudrait accorder tant de siècles au dépôt de quelques milliers d'éclats de silex, alors qu'un ouvrier peut en détacher des centaines par jour ? Sans doute, dans le Midi, les abris et les vestiges sont de beaucoup plus considérables ; mais seraient-ils décuplés qu'on ne verrait pas le rapport entre le nombre toujours restreint des gisements et des débris et la durée immense qu'on imagine.

Mais voici une preuve qui fait toucher du doigt l'erreur. Dans la grotte du Trilobite d'Arcy, le remplissage d'éboulis, formant une butte de 5m50 de hauteur, contenait 6 couches différentes, qui ont fourni 20.000 silex environ. La première couche, à la base, datée par sa faune et son industrie, est celle de notre chasseur d'ours appelé Moustérien par les archéologues. La dernière couche, contenant de la poterie, est de l'époque néolithique ou de l'âge du bronze,

Quelle durée pourrait-on attribuer à la formation de ces éboulis où l'on voit se succéder des faunes et des industries différentes ? M. G. de Mortillet dirait, d'après son système, que 100.000 ans au moins ont été nécessaires. Mais prenons un minimum, soit 55.000 ans, pour correspondre à la masse de 5m50. Dans ce cas, il eut fallu 500 ans pour produire une couche de 5 centimètres. Rien en soi ne s'oppose à une telle lenteur dans le dépôt ; mais dans tout le remplissage, on a trouvé des ossements, même délicats, d'une parfaite conservation que l'on peut voir au Musée des grottes à Joigny (Ecole Saint-Jacques). Or, il est connu qu'un os exposé quelque temps aux influences de l'air ne garde pas longtemps son état de fraîcheur et de conservation. Il ne reste intact qu'autant qu'une couche suffisante de terre le recouvre et le protège assez promptement. Qu'on expose, par exemple, pendant 5 ans, tel ossement délicat à l'entrée d'une grotte où l'humidité et la sécheresse, le gel et le dégel pourront agir sur lui et l'on verra ce qu'il adviendra de lui.

Au lieu de 500 ans, c'est donc 5 ans, c'est-à-dire cent fois moins qu'exigerait le dépôt de la couche protectrice, assez faible, de 5 centimètres. D'après cette donnée, qu'on peut vérifier, le chiffre de 55.000 ans se réduirait à 5.500 ans pour la durée d'une grande partie des âges préhistoriques. Mais on serait plus près de la vérité, étant connue l'activité des causes naturelles de ces temps, de réduire à deux ou trois ans la résistance de l'os aux influences atmosphériques, et l'on aurait 2.000 à 3.000 ans de durée pour cette époque.

Tel est l'essai de chronologie que l'étude des grottes

m'a inspiré. Il ne prétend pas fixer la date de l'arrivée des primitifs aux grottes : il se borne à déterminer la durée probable de l'occupation des abris pendant une partie de ces temps. C'est peu, sans doute, mais ici la théorie, s'affranchissant cette fois des vues de l'imagination, repose sur des données positives et contrôlables. Elle met en garde contre les évaluations énormes tirées des causes naturelles les plus inconstantes. Ainsi se trouve établi un point de départ précis pour une chronologie qui voudra être scientifique.

Quelle idée pouvons nous donc nous faire de ce rude chasseur d'ours qui vient d'être esquissé par trop brièvement ? C'est le pur sauvage, c'est-à-dire l'homme de la civilisation inférieure, primitive et spontanée, éclose dans les forêts. Son genre de vie se réduit à la plus grande simplicité. Il passe ses journées à poursuivre le gibier, à travailler les peaux, à tailler le silex, à façonner le bois pour ses armes. Il est donc actif et ingénieux, il est même l'inventeur de nouveaux instruments; mais il est très borné dans ses besoins et il doit l'être dans ses idées.

Il est prévoyant, ce sauvage qui voit des animaux, pourtant bien armés contre la rigueur des saisons, disparaître l'un après l'autre, tandis que lui demeure. Il doit certainement sa résistance au dur climat aux précautions que lui suggère son intelligence dans l'habitation et le vêtement protecteurs. On remarque, en effet, que la caverne humide ne lui a pas servi d'abri et qu'il stationne à l'entrée des grottes, à l'air et au jour. Il a le génie de la chasse, car il s'attaque à toutes les espèces de gibier qu'il ne pourrait vaincre s'il ne connaissait la puissance de l'association. Mais quelle disproportion entre les résultats obtenus et les infimes moyens d'attaque ! Quelle preuve d'énergie et d'habileté, c'est-à-dire d'intelligence, ajoutée aux autres, ce fait ne vient-il pas nous révéler.

Cet homme des bois, ce chasseur primitif de la Gaule, ne craignons pas de le regarder en face. Il n'y a pas à rougir d'un tel ancêtre, encore que sa vie d'émigrant, loin d'un centre plus favorisé, l'ait défiguré. Il est bien l'homme conquérant, tel que la Bible nous le présente, l'homme issu du premier couple à qui Dieu ordonnait de remplir la terre et de dominer sur tous les êtres. Expansion et domination : ces deux caractéristiques de l'activité humaine, sont visiblement empreintes dans le chasseur préhistorique.

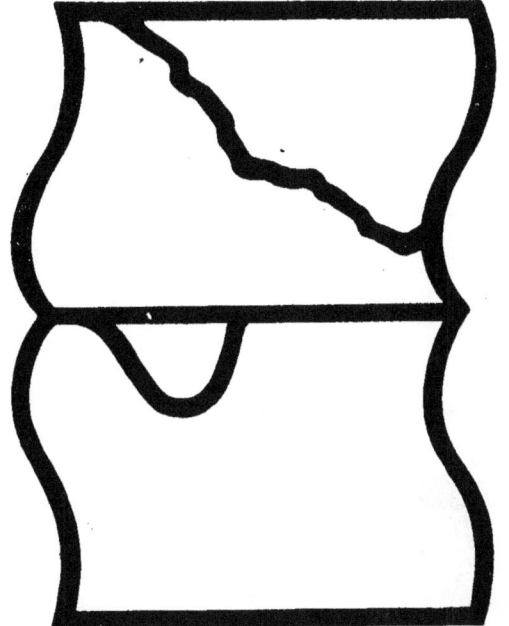

Texte détérioré — reliure défectueuse

NF Z 43-120-11

Contraste insuffisant
NF Z 43-120-14

www.ingramcontent.com/pod-product-compliance
Lightning Source LLC
Chambersburg PA
CBHW070541050426
42451CB00013B/3119